U0022168

國家圖書館出版品預行編目資料

盛田昭夫 / 陳景聰著;王平繪.－－初版一刷.－－
臺北市: 三民, 2016
面; 公分－－(兒童文學叢書/創意MAKER)

ISBN 978-957-14-6161-8 (精裝)

1.盛田昭夫(1921-1999) 2.傳記 3.通俗作品 4.日
本

781.08 105009016

© 盛田昭夫

著 作 人	陳景聰
繪 者	王 平
主 編	張燕風
企劃編輯	郭心蘭
責任編輯	郭心蘭
美術設計	林易儒
發 行 人	劉振強
著作財產權人	三民書局股份有限公司
發 行 所	三民書局股份有限公司
	地址 臺北市復興北路386號
	電話 (02)25006600
	郵撥帳號 0009998-5
門 市 部	(復北店) 臺北市復興北路386號
	(重南店) 臺北市重慶南路一段61號
出版日期	初版一刷 2016年7月
編 號	S 857901

行政院新聞局登記證局版臺業字第○二○○號

創意 MAKER !

盛田昭夫 AKIO MORITA

隨身音樂的開創者

陳景聰/著　王　平/繪

三民書局

主編的話

抬頭見雲

　　隨著「近代領航人物」系列廣獲好評，並獲得出版獎項的肯定，三民書局的出版團隊也更有信心繼續推出更多優良兒童讀物。

　　只是接下來該選什麼作為新系列的主題呢？我和編輯們一起熱議。大家思考間，偶然抬起頭，見到窗外正飄過朵朵白雲。

　　有人興奮的說：「快看！大畫家畢卡索一手拿調色盤，一手拿畫筆，正在彩繪奇妙的雲朵！」

　　是呀！再看那波浪一般的雲層上，建築大師高第還在搭建他的尖塔！

　　左上角，艾雪先生舞動著他的魔幻畫筆，捕捉宇宙的無限大，看見了嗎？

　　嘿！盛田昭夫在雲層中找到了他最喜愛的 CD，正把它放入他的隨身聽……

　　閃亮的原子小金剛在手塚治虫大筆一揮下，從雲霄中破衝而出！

　　在雲端，樂高積木堆砌的太空梭，想飛上月球。

　　麥克沃特兄弟正在測量哪一朵雲飄速最快，能夠成為金氏世界紀錄。

　　……

　　有了，新的叢書就鎖定在「創意人物」這個主題上吧！

　　大家同聲附和：「對，創意實在太重要了！我們應該要用淺顯的文字、豐富的圖畫，來為小讀者們說創意人物的故事。」

　　現代生活中，每天我們都會聽見、看見和接觸到「創意」這兩個字。但是，「創意」到底是什麼？有人說，「創意」就是好點子。但好點子是如何形成的？又是在什麼樣的環境助長下，才能將好點子付諸實現，推動人類不斷向前邁進？

　　編輯團隊為此挑選了二十個有啟發性的故事，希望解答上述的問題，並鼓勵小讀者們能像書中人物一般對事物有好奇心，懂得問「為什麼」，常常想「假如說」，努力試「怎麼做」。讓想像力充分發揮，讓好點子源源不絕。老師、家長和社會大眾也可以藉此叢書，思索、探討在什麼樣的養成教育和生長環境裡，才能有效的導引兒童走向創意之路？

　　雲屬於大自然，它千變萬化，自古便帶給人們無窮想像；雲屬於艾雪、盛田昭夫、高第、畢卡索……這些有突出想法的人，雲能不斷激發他們的創意；雲也屬於作者、插畫家和編輯團隊，在合作的過程中，大家都曾經共享它的啟發。

　　現在，雲也屬於本書的讀者。在看完這本書以後，若有任何想法或好點子願意與大家分享，歡迎寄到編輯部的信箱 sanmin6f@sanmin.com.tw。讀者的鼓勵與建議，永遠是編輯團隊持續努力、成長的最大動力。

張燕風　　2015 年春寫於加州

作者的話

　　小時候，常聽到村中老人拿「大人來了」這句話嚇唬哭鬧的孩童，也常聽祖父母說起從前「大人」如何欺壓他們。後來我才弄懂，原來「大人」指的是凶惡的日本警察。

　　我在八〇年代接觸到日本割據臺灣、對外侵略的歷史以後，雖然對日本嚐到戰敗投降的惡果鼓掌叫好，卻也不禁納悶：日本不是敗得很慘嗎？為何才過三十年就變成經濟強國，甚至還有美國教授撰書標榜「日本第一」？

　　讀過許多世界名人傳記之後，我終於深切的感悟到：日本之所以能迅速從廢墟當中站起來，躋身世界富強之列，應該歸功於他們國內眾多傑出的企業家。尤其是舉世推崇的「經營四聖」，他們卓越的經商之道，不僅富國裕民，也大大提振了國民的信心。

　　盛田昭夫名列「日本經營四聖」之一。他年紀輕輕就找到興趣，發現商業的新契機。在培養專長的同時，他幸運的結交到志同道合的知心伙伴井深大，彼此相互扶持，逐漸壯大。在影響世界產業和國際貿易的重大議題上，他勇於表達自己的觀點，發揮創舉。而在商業方面的執著與遠見，更使他成為日本企業界的偶像，也贏得不少世界政治領袖的讚賞。

　　盛田昭夫有許多成功企業家的特質，其中最顯眼的莫過於「發揮創意」。他勤於探索陌生領域，勇於接受新的挑戰，想別人想不到的，做別人沒做過的，因此才有機會帶領公司從最艱困的環境中脫穎而出，迅速成長為舉世聞名的大企業。

　　「Walkman 隨身聽」應該是盛田昭夫帶給世人的最大福音吧？他翻轉思考、發揮創意，將隨身聽不能分享的缺點轉化為優點，使得原本排斥戴耳機的普羅大眾樂於接受使用耳機的好處，帶動了戴耳機聽音樂的新風潮。

　　如今，隨身音樂早已融入現代人的生活，而且發展到盛田昭夫當年無法想像的便利境界。但是，這一項娛樂再怎麼發達進步，永遠是走在盛田昭夫當年開創的道路之上，人們將永遠記得他的卓越貢獻。

　　我們的祖先從前以「士農工商」來概括萬民。商人排名最後，似乎有刻意「貶低」的意味。歸咎原因，應該是生意人汲汲營營，滿腦子只想著賺錢的關係吧？尤其是奸商製造「黑心商品」牟取暴利、誤人健康，更害得商人形象被蒙上陰影。

　　其實，商人也有值得效法的經商之道。高明的生意人同樣可以為國家國民做出重大貢獻，成為偉大的企業家。

　　盛田昭夫，就是經商者的好榜樣。

朝夢想出發！

「太好啦！我終於可以專心攻讀物理學了！」

盛田昭夫高中畢業了。他想把自己考取大阪帝國大學的喜訊告訴父母，可是來到家門口，心中的願望卻變得沉重無比，讓他難以舉步走進家門。

　　他 1921 年生於日本名古屋的釀造世家。在那個重視傳統的年代，他偏偏醉心於剛興起的電子產業，而對生產米酒、醬油和豆醬的家傳事業不感興趣。

　　「我身為長子，理當繼承家族事業，但為了理想，只好懇求父親原諒了！」

　　盛田昭夫終於下定決心，大步邁入家門，將自己的抉擇稟告父親。

　　「從小您就告誡我：『你將來就是社長，要明確知道自己想做的事，並負責到底。』我的興趣與專長在電子產業，所以我決定攻讀物理學，而不是您指定的食品學。我一定會努力達成理想，成

為走在時代前端的社長。」

父親盛田久左衛門聽到兒子的心聲之後，起初很失望，因為他最擔心的事情終於發生了。他對妻子說：「我們結婚後，盼了七年才生下長子。我讓他從小學習各種技能，就是期盼他將來成為這個釀酒世家的第十五代掌門人。看來，這個希望要落空了！」

母親想支持兒子，但面臨家族最重大的決定，她不願意左右丈夫，只提醒他：「你還記得從前家裡有一部維克多牌的留聲機嗎？」

「記得呀！我們最愛用它來聽歐洲古典音樂。」

「嗯，兒子從小就很好奇真

空管究竟藏著什麼樣的祕密，竟能發出那麼美妙的聲音。」

「對呀！後來他表哥自己組裝了一臺留聲機，他受到激勵，竟然買了許多電子學的相關書籍，和介紹收音機新知的雜誌來研究呢！」父親回應母親。

「當時學校沒有電子新技術的相關課程，昭夫卻能靠著自學來研究電子裝置，反而對傳統課

程不感興趣，後來才勉強以最差的成績考進中學。」母親回憶說：

「也許是我們生活比較西化的關係，才埋下了兒子喜歡西洋電子裝置的種子吧？」

夫妻關在房間討論了許久，最後父親終於決定：「由長子繼承家業的傳統恐怕已經過時了！但兒子現在選擇的電子產業才剛興起，前途茫然未卜。我們先支持他吧！說不定有一天他會回心轉意。」

盛田昭夫得到了父母的同意，堅決走向自己的理想，也走入了一條前途變幻莫測、充滿考驗的道路。

在廢墟中出頭天

盛田昭夫就讀大阪帝國大學，一頭栽進物理學和電子裝置的研究領域時，卻爆發了第二次世界大戰。

日本積極擴張武力、對外侵略，為了擴充兵源，只好徵召在學的年輕人上戰場。

盛田昭夫也被迫中斷學業去從軍。幸好他憑藉專長任職海軍技術中尉，才沒被派去危險的國外戰場。

戰爭時期，盛田昭夫在一次研究會中，結識了來自民間的井深大。由於兩人都是卓越的電子

技術專家，對方雖然大他十三歲，卻與他相知相惜，培養出深厚的情誼。

「看來我們國家就要戰敗了，我準備戰後去東京創業。盛田君，你將來如果有機會，就過來一同打拚吧！」

「太好了！戰後許多產業等著重新出發，創業既有前途，又能幫助國家站起來。」他握著井深大的手，依依不捨的說:「可惜我身為職業軍人，沒有創業的自由，只能祝福您了!」

日本戰敗投降之後，盛田昭夫幸運獲得辭去軍職的機會。1946 年他毅然放棄家族事業繼承權，加入井深大創辦的「東京通信工業公司」。

雖然公司坐落於廢墟當中，設備簡陋，兩人卻對公司前景充滿信心。

井深大告訴他:「現在市面上的收音機都過於笨重，我們一定有能力研發出更輕巧的收音機。」

「改善收音機應該能為公司創造利潤，但我們如果進一步研發出市面沒有的、更先進的產品，不但有利潤，也可藉著研發能力打開公司的知名度。」

盛田昭夫建議：「西方音樂正在日本流行。如果能研製出價格比較低的磁帶，錄下好聽的音樂，再透過答錄機播放出來，人們就可以隨時隨地欣賞自己喜歡的音樂。這麼美好的事，肯定商機無限。」

後來他們決定轉移目標，積極研發日本沒有的答錄機和磁帶。

當時西方剛發明的磁帶非常昂貴。他們資金有限，只好不斷

尋找便宜的材料來製作磁帶。

歷經無數次失敗，盛田昭夫總算找到一款光滑結實的牛皮紙，製造出錄放音品質良好，價格比較低的磁帶。

三年後，他們終於成功製造出日本第一代的磁帶答錄機。

隨著答錄機逐漸普及，公司獲利一天比一天穩定，開始壯大起來。

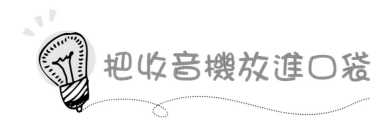

把收音機放進口袋

　　井深大身為公司的首要創辦人，發覺合夥人盛田昭夫的商業眼光卻比他更長遠，市場嗅覺也比他更敏銳。

　　「盛田君，你擁有積極進取的性格，日後必定能成為公司的事業先鋒。」井深大經常稱讚盛田昭夫。

　　果然，他的話不久便成真了。

　　當時美國研發出體積較小的電晶體，功能足以取代笨重的真空管。盛田昭夫一獲得這個訊息，馬上建議井深大：「電器的革

命時代即將來臨！我們一定要盡快爭取到電晶體專利的授權，才能搶得先機，研發出更輕巧便利的電子裝置。」

盛田昭夫不在乎公司只是日本小企業，勇敢的向世界知名的美國西屋電氣公司爭取電晶體專利授權，想不到竟然成功了。

獲得電晶體專利授權後，他更帶領員工積極研發。歷經無數次的改良之後，終於創造出世上第一臺不再需要電源線的小型晶體管收音機，並將新產品命名為TR-55。

井深大興奮的鼓舞創業伙伴們：「TR-55是劃時代的新產品，一定能受到全世界消費者的青睞。」

這時盛田昭夫卻提出一個驚人的想法：「跟著別人走，會很快獲得商業利潤。但要成為偉大的品牌，就必須塑造自己的獨特形象。因此我建議為公司重新取一個響亮的名稱，並且將公司名稱和商標合而為一。如此一來，就不必為公司名和商標分別打廣告，可大大節省廣告開銷。」

一位公司元老立刻反對：「我們經過多年努力，好不容易才建立起東京通信工業公司的信譽，這時更改公司名稱，風險未免太大了！」

「對呀！萬一消費者誤以為我們是一家沒有口碑的新公司，會對我們的產品失去信心。」另一

位公司元老也提出疑慮。

「我們把公司最受歡迎的產品印上新的公司名稱，推銷到市場上，先看看消費大眾的反應再說吧！」井深大支持盛田昭夫大膽的新構想。

他們討論出「SONY 公司」這個新名稱，將打著 SONY 商標的小型收音機推廣到國際舞臺上。

首批 TR-55 收音機在國際市場掀起銷售熱潮，也使 SONY 公司開始揚名海外。

於是東京通信工業公司正式更名為「SONY 公司」，也就是「索尼株式會社」。

後來日本的企業經營者紛紛仿效盛田昭夫的做法。因為事實

證明，他的新構想能為公司帶來龐大的效益。

SONY不斷改良小型晶體管收音機，後來又開發出一款超級迷你的收音機 TR-63。

「TR-63 是偉大的創舉呀！恭喜你了！盛田君。」

井深大在公司會議上祝賀盛田昭夫，問他：「這一款新產品的售價不低，你有沒有行銷的好點子？」

「我建議用『pocketable』（能放進口袋的）這個廣告詞去推銷，讓消費者覺得既新鮮又方便，願意多花一點錢購買。」

銷售部門卻反映：「TR-63 的體積放進褲袋不成問題，可是要放

入襯衫口袋，卻嫌大了一點。」

　　盛田昭夫想了想，說：「我們可以翻轉想法，設計大口袋襯衫給銷售人員，讓他們穿著去推銷，以凸顯 TR-63 的特色，增加『pocketable』的說服力。」

　　後來 TR-63 果然占領了廣大的國際市場，也帶動了收音機的新潮流，使 SONY 的名聲更加響亮。

讓 SONY 在世界發光

「盛田君，天大的好消息呀！」

盛田昭夫看了井深大遞給他的文件，也藏不住興奮之情。

「太好啦！我們正愁開發新電視機的資金沒著落，這位大客戶說不定會幫公司帶來及時雨。」

「寶路華是歐美知名的公司。我們好不容易才爭取到他們的認同，所以要勞煩你親自去一趟美國，和他們談合約。」井深大說。

盛田昭夫來到美國，和 SONY 的駐美業務代表去寶路華公司洽

談訂單。

「我們想給貴公司兩年十萬臺小型收音機的訂單。」

寶路華公司的經理一開口，SONY 公司的代表都開心得不得了。這一筆利潤正巧可以解救 SONY 的燃眉之急呀！

「只是商標要用我們的。」對方接著說。

「不行！商標是公司的靈魂。產品是 SONY 研發出來的，就該用 SONY 的商標。」盛田昭夫馬上回應。

「我們公司努力了五十年，才建立起寶路華的國際品牌。不用我們的商標是愚蠢的做法。」寶路華的經理毫不客氣的說：「在遼

闊的美國，沒有人聽說過 SONY，這個牌子不會暢銷。」

盛田昭夫立刻反駁：「五十年前，貴公司的品牌也和 SONY 一樣沒沒無聞。我們公司現在正要邁出你們五十年前的第一步。五十年後，SONY 也會跟寶路華一樣，成為世界知名的品牌。」

「不接受我的條件，這一筆訂單就不用談啦！」

一個戰敗國的小公司竟然執意維護自己的商標，還對公司的未來自信滿滿，令寶路華公司的經理難以接受。

「請容我們再討論一下吧！」SONY 公司的其他幾位代表趕緊打圓場。

離開寶路華公司後，SONY 駐美代表異口同聲勸盛田昭夫：「十萬臺耶！這一筆訂單可以為公司帶來龐大資金，讓公司順利開發新產品。還是接受對方的條件吧！」

「不！既然我們 SONY 公司堅持研發創新，打造一流品牌，何苦貪圖眼前的利益，去幫別人打知名度呢？」盛田昭夫堅持不肯妥協。

最後盛田昭夫說服了井深大，SONY 忍痛放棄了這筆獲利可觀的訂單。

　　盛田昭夫全心全意要將 SONY
的商標發揚為「世界的 SONY」，
所以他寧可放棄巨大利潤，也要
維護自己的商標。

　　不到十年的時間，SONY 公司
陸續開發出微型電視機，和世界
第一臺家用錄影機。

　　隨著優良的電子產品行銷到
全世界，SONY 的商標也逐漸刻印
在世人的印象當中，成為舉世聞
名的品牌。

學歷不算什麼啦！

在盛田昭夫的帶領下，SONY接連創造了很多第一：日本第一臺磁帶答錄機、世界第一臺八英寸電視機、世界第一臺家用錄影機等。

後來他接下井深大的棒子，成為SONY的社長，實現了當年對父親的諾言。

身為走在時代尖端的社長，盛田昭夫不斷提醒研發人員：「SONY不能滿足於目前的成就，因為一切都在迅速變化，人們的觀念、見解和風尚如此，高技術的電子領域更是如此。」

在產品行銷方面，他則鼓勵員工：「微笑是全世界共同的語言。如果沒有贈品，那就贈送微笑吧！」

商業雜誌發現盛田昭夫經營公司很有一套，紛紛來訪問他，他也大膽提出自己的見解：「用什麼樣的人才，便成就什麼樣的事業。與其說學歷是一種客觀的評

價標準，不如說它是一種偷懶的手段。所謂學歷標準，只不過是管理者懶得花心血尋找人才、評價員工的藉口罷了。經營者應擺脫偏重學歷的舊觀念，以工作實力當標準。」

1970年，SONY成為日本第一家在紐約證券交易所掛牌上市的跨國公司。

盛田昭夫在替公司培育人才上獨具慧眼。他為了尋找和提拔人才，肯投注大量時間與心力，因此得到岩間和夫和大賀典雄兩位左右手。

後來岩間和夫促成了數位相機與數位攝影機的問世，大賀典雄創造出世上第一片 CD。

盛田昭夫用心為公司招攬人才，也間接幫公司創造了耀眼的成就。

Walkman 隨身聽的奇蹟

　　盛田昭夫經常提醒公司的領導階層：「SONY 最大的本錢來自創意。我們除了經營好本業，也要勇於突破常規，嘗試投資全新的領域。」

　　喜愛音樂的他時時勉勵研發部門：「既然 SONY 是以音樂裝置起家，就必須不斷開發新產品，使收聽音樂越來越便利。」

　　1979 年，在一款出口到美國的答錄機基礎之上，SONY 開發出 Walkman 隨身聽的試驗機。

　　「做得好！你們又為公司創造了一項新產品。」盛田昭夫稱讚

研發人員。

「可是這款沒錄音功能的機器，會得到消費者的喜愛嗎?」

研發部門表達一致的憂慮：

「沒先試一試市場的水溫就量產，風險太大了!」

盛田昭夫卻樂觀的回應:「肯定會熱銷的!它的聲音美妙、具有穿透力，操作也簡單。而且時下年輕人和孩子們都喜歡音樂，帶著它，隨時隨地可以一邊做事，一邊聽音樂。」

「如果只是為了聽音樂，我寧可買舊型的，雖然笨重，至少音量足夠和許多人一起分享。」還是有人擔心的說。

「對呀!而且還比較便宜。」

更多人附和。

面對龐大阻力，盛田昭夫深思熟慮之後，依然肯定自己的看法。

「消費者花更多錢買這個小機器，當然是為了方便自己聽音樂。」盛田昭夫反過來思考，對事業伙伴提出新看法:「不能分享是缺點，卻也能轉化成優點。為了避免聽音樂時打擾到旁人或受外界干擾，也為了方便讓情侶一起收聽音樂，我建議增加耳機的設計。」

他的建議立刻激起一片反對的聲浪:「萬萬不可！只有耳背的人才會戴耳機啊！」

「對呀！誰會願意花錢買耳

機來聽音樂，讓別人以為自己聽力有問題？」

「況且一般人根本沒有戴耳機欣賞音樂的習慣。」

雖然遭受質疑，盛田昭夫依然堅持己見，反問大家：「在寧靜的深夜，你們都怎麼聽音樂？」

「怕吵到家人睡覺，當然是把音量調到最小，不然就乾脆不聽。」

盛田昭夫堅持：「還是要聽！只要戴上耳機，仍舊可以享受到音樂動人的旋律和節奏。」

盛田昭夫又問：「如果想在吵鬧的市場或工地聽音樂呢？」

「那麼糟糕的環境，哪有人會想聽音樂！」

「我會想聽！」盛田昭夫看著大家，用堅定的語氣說：「只要戴上耳機。」

盛田昭夫始終獨排眾議，樂觀的認為：「我還是相信，這個新產品一定可以帶動個人隨身音樂的風潮，讓世人習慣戴耳機欣賞音樂。」

在盛田昭夫的堅持之下，Walkman 隨身聽成為 SONY 主打的新產品。

透過精心安排的廣告，Walkman 隨身聽獨特的優點逐一呈現出來，很快便獲得音樂愛好者的青睞。

　不久後，擠滿乘客的公車上、嘈雜的馬路上、寧靜的圖書館裡……到處都看得到戴耳機聽音樂的人們。

　隨著 Walkman 隨身聽開始熱銷全球，耳機的優點越來越受到重視。

後來 SONY 耳機的銷售量遠
遠超過了主機本身。

當初反對耳機的公司伙伴都
感到很訝異，紛紛來跟盛田昭夫
道賀：「還是社長有先見之明！您
堅持為 Walkman 隨身聽增加耳機設
計，果然帶動了個人隨身音樂的
風潮。」

盛田昭夫獨到的眼光，促使 Walkman 隨身聽在不被看好的情況下問世，最後竟徹底改變了傳統的聽音樂習慣，也為後來的視聽設備提供了新的思路。

他發揮創意，為音樂傳播創造了無限的可能。

超越極限的國際先生

　　盛田昭夫身邊的親友都知道他是一個勇於創新的人，為了公司的前景用盡心力，一刻也不會停止前進。

　　有人忍不住問他：「盛田君，您的成就已經獲得全世界認同了，為什麼還要如此勞心勞力？難道您從沒想過，停下來享受自己努力的成就？」

　　「我現在就正在享受成就呀！對我而言，只有發揮創意，朝著廣闊的世界和不同領域持續前進，才是真正的享受。」

　　「您總是在努力達成目標之

後，馬上設定新的目標。即使不感覺疲累，難道不怕遭遇挫折？」

盛田昭夫露出一貫的迷人笑容回答：「呵呵！一個企業想要永續發展，不在於一時一地的成敗，也不在於一城一池的得失，關鍵在於它是否看準時機，掌握時代的新趨勢，在一個又一個關鍵時刻調整好目標。」

「SONY 已經馳名國際，您還有什麼偉大的目標沒達成呢？」

「當然有！電影事業是美國人夢想光輝的頂點，所以好萊塢代表著美國人實踐夢想的標誌。我下一步打算收購好萊塢的電影公司，進軍影視娛樂事業。」

盛田昭夫設定好新目標之後，便告訴SONY高層：「如果沒有軟體，硬體就不會成長。而我們已經完成收購的CBS唱片公司，和準備收購的哥倫比亞電影公司，正好是音樂、影視兩項可以和SONY相輔相成的軟體服務業。SONY花費四十幾年尋找成為世界企業的途徑，進軍好萊塢是最適合的，不但可以一舉得到國際的好評和信任，也能獲得優秀的人才。」

在盛田昭夫的主導之下，SONY積極收購哥倫比亞電影公司，卻遭到美國民眾強烈反對。

「日本不過是個戰敗國，怎能讓日本企業來攻占美國！」

「SONY雖然善於研發電子設備，卻是電影事業的門外漢，憑什麼插足好萊塢？」

美國媒體也不斷發出反對的聲浪。

經過一番波折之後，SONY總算順利收購了哥倫比亞電影公司。

這種相同產業中的不同類別，或不同產業間相互滲透，最後融為一體的現象，促進了新技術和新產品的誕生，進而開發出新的市場，使世界經濟像活水一般不斷循環，文化的發展也因此變得更加多元、精彩。

盛田昭夫打開「產業融合」的第一扇門，使他成為世界矚目的企業家，被尊稱為「國際先生」。

用創意把國家變強

　　盛田昭夫獲得國際認同之後，被推選為日本電子機械工業會會長，接受日本官方委託，協助消除日美兩國半導體商業間的摩擦。

　　後來他又擔任日本民間對外貿易的「財界總理」，不只為SONY一家企業，更為整個日本經濟界奉獻心力。

　　他每年有三分之一的時間都在國外活動，擔任日本經濟界的代表。

　　日本是第二次世界大戰的戰敗國。投降初期，國家經濟和建

設在戰爭中全部崩毀，人們在廢墟之中痛苦掙扎。

幸好有像盛田昭夫這樣偉大的企業家努力貢獻，用創意引領公司走出更寬廣的路。不僅創造高品質的影音產品，帶給世人幸福；更幫助日本人重拾信心，在極短的時間內，創下經濟復甦奇蹟，令世人刮目相看。

盛田昭夫以耀眼的企業成就，創造了日本的經濟傳奇，因此與松下幸之助、本田宗一郎和稻盛和夫三位經營者，共同被日本人尊奉為「經營四聖」，成為日本企業家眼中不朽的偶像。

盛田昭夫創立了神話般的SONY企業王國，他的一生都奉獻

盛田昭夫

松下幸之助

本田宗一郎

稲盛和夫

在 SONY 從無到有、從弱到強、從無名到享譽國際的成長過程。

他畢生不斷發揮創意、尋求突破，使得「日本製造」的產品，能得到「高品質」的評價，並獲得歐美先進國家的尊敬。

他的奮鬥史也被當成是日本

經濟的縮影，成為日本企業崛起的典範。

西元 1999 年，被譽為「國際先生」的盛田昭夫過世了，留下許多充滿啟發性的經營哲學、人生智慧，以及一條值得後人追隨的創意之路。

盛田昭夫
AKIO MORITA

小檔案

1921
生於日本名古屋的釀酒世家

1946
放棄家族事業繼承權，與井深大共同創立「東京通信工業公司」

1950
創造出日本第一臺磁帶答錄機

1955
創造出世界第一臺晶體管收音機 TR-55

1960
創造出世界第一臺晶體管電視機 TV8-301

1965
創造出世界第一臺家用錄影機 CV-2000

1968
創造出世界第一臺彩色電視機 KV-1310

1979
創造出世界第一臺 Walkman 隨身聽

1971
成為 SONY 公司社長

1970
SONY 成為日本第一家在紐約證券交易所上市的公司

1983
SONY 與荷蘭飛利浦共同開發雷射唱片，並制定 74 分鐘標準

1984
SONY 制定 3.5 英寸軟碟機及 1.44MB 磁碟片

1988
SONY 創造出 HI－8 攝影機

寫書的人

陳景聰

1966 年生於南投，臺東大學兒童文學研究所畢業，立志做一個搜集故事、說故事、寫故事的人，天天笑臉看兒童。

作品曾獲台灣省兒童文學獎、文建會兒童文學獎、文建會兒歌一百優選、中國冰心兒童文學新作獎等獎項。著有《阿姆斯壯》、《草廬中的智謀家：諸葛亮》、《春風少年八家將》、《刺蝟釣手》、《玉山的召喚》等三十餘冊。

畫畫的人

王 平

自幼愛好讀書，書中精美的插圖引發了他對繪畫的最初熱情，也成了他美術上的啟蒙老師。大學時，讀的是設計專科，畢業後從事圖書出版工作，但他對繪畫一直充滿熱情，希望用手中的畫筆描繪出多彩的世界。

個性樸實，為人熱情，繪畫風格嚴謹、細緻。繪畫對他來說，是一種陶醉和享受，希望能透過畫筆把這種感受傳遞給讀者，帶給人們愉悅和歡樂。

1992
SONY 創造出
MD 音樂技術

1994
SONY 創造出
次世代遊戲機

1999
盛田昭夫過世

創意 MAKER

創意驚奇雲

飛越地平線，
在雲的另一端，

撥開朵朵白雲，你會看見一道亮光……

 是 創意 MAKER 的燈泡亮了！

跟著它們一起，向著光飛翔，由它們指引你未來的方向：

（請依直覺選擇最具創意的顏色）

選  的你

請跟著畢卡索、艾雪、安迪·沃荷、手塚治虫、鄧肯、凱迪克、布列松、達利，在各種藝術領域上大展創意。

選  的你

請跟著盛田昭夫、7-Eleven創辦家族、大衛·奧格威、密爾頓·赫爾希，想像引領創新企業的挑戰。

選 的你

請跟著高第、樂高父子、喬治·伊士曼、史蒂文生、李維·史特勞斯，體驗創意新設計的樂趣。

選  的你

請跟著麥克沃特兄弟、格林兄弟、法布爾，將創思奇想記錄下來，寫出你創意滿滿的故事。

本系列特色：

1. 精選東西方人物，一網打盡全球創意 MAKER。
2. 國內外得獎作者、繪者大集合，聯手打造創意故事。
3. 驚奇的情節，精美的插圖，加上高質感印刷，保證物超所值！

還有！還有！

內附注音，小朋友也能「自·己·讀」！
創意 MAKER 是小朋友的必備創意讀物，
培養孩子創意的最佳選擇！

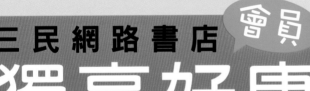